河南省地方标准

非公路标志设置技术要求

Technical specification for non-highway-traffic signs

DB 41/T 1167—2015

主编单位：河南省交通运输厅公路管理局
　　　　　交通运输部公路科学研究院
　　　　　许昌市公路管理局
　　　　　开封市公路管理局
批准部门：河南省质量技术监督局
实施日期：2016 年 03 月 01 日

人民交通出版社股份有限公司

图书在版编目(CIP)数据

非公路标志设置技术要求 / 河南省交通运输厅公路管理局等主编. — 北京：人民交通出版社股份有限公司，2017.2

ISBN 978-7-114-13664-1

Ⅰ.①非… Ⅱ.①河… Ⅲ.①公路标志—国家标准—中国 Ⅳ.①U491.5-65

中国版本图书馆 CIP 数据核字(2017)第030357号

书　　名：	非公路标志设置技术要求
著　作　者：	河南省交通运输厅公路管理局
	交通运输部公路科学研究院
	许昌市公路管理局
	开封市公路管理局
责任编辑：	卢俊丽　尤　伟
出版发行：	人民交通出版社股份有限公司
地　　址：	(100011)北京市朝阳区安定门外外馆斜街3号
网　　址：	http://www.ccpress.com.cn
销售电话：	(010)59757973
总 经 销：	人民交通出版社股份有限公司发行部
经　　销：	各地新华书店
印　　刷：	北京鑫正大印刷有限公司
开　　本：	880×1230　1/16
印　　张：	1
字　　数：	17千
版　　次：	2017年2月　第1版
印　　次：	2017年2月　第1次印刷
书　　号：	ISBN 978-7-114-13664-1
定　　价：	20.00元

(有印刷、装订质量问题的图书，由本公司负责调换)

DB 41/T 1167—2015

目　次

前言 .... Ⅲ
1 范围 1
2 规范性引用文件 1
3 术语和定义 1
4 一般规定 2
　4.1 总体要求 2
　4.2 分类 2
　4.3 禁止、限制设置的路段 2
5 设置 3
　5.1 基本要求 3
　5.2 设置要求 3
6 施工 5
　6.1 材料要求 5
　6.2 施工要求 5
7 验收与养护 5
　7.1 验收要求 5
　7.2 养护要求 5
附录 A（规范性附录） 非公路标志验收检测项目及要求 6

Ⅰ

前 言

本标准按照 GB/T 1.1—2009 给出的规则起草。

本标准由河南省交通运输厅提出。

本标准由河南省交通运输厅公路管理局归口。

本标准起草单位：河南省交通运输厅公路管理局、交通运输部公路科学研究院、许昌市公路管理局、开封市公路管理局。

本标准主要起草人：刘怀相、孙传夏、姜明、薛鹏涛、吴京梅、赵宏宇、朱家金。

本标准参加起草人：古献军、谢梁萍、吴道新、史良、刘延琪、朱春燕、袁卫军、李育真、刘志科、冯移冬、郭达、冯伟、刘晓萌、蒋宝钧、胡红松、牛小虎、陈方、马换玲、刘雅娟、贾宝成、陈瑜、米晓义、陈海龙、晁遂、郭占阳、何宏伟、汪耀、史文华、王永顺、谢冬歌。

DB 41/T 1167—2015

非公路标志设置技术要求

1 范围

本标准规定了非公路标志设置的术语定义、一般规定，以及设置、施工、验收与养护。

本标准适用于各级公路非公路标志的设置。

2 规范性引用文件

下列文件对于本文件的应用是必不可少的。凡是注日期的引用文件，仅注日期的版本适用于本文件。凡是不注日期的引用文件，其最新版本（包括所有的修改单）适用于本文件。

GB 5768.2 道路交通标志和标线 第2部分：道路交通标志
GB 50010 混凝土结构设计规范
GB 50017 钢结构设计规范
GB 50034 建筑照明设计标准
GB 50107 混凝土强度检验评定标准
GB 50135 高耸结构设计规范
GB 50205 钢结构工程施工质量验收规范
GB/T 18226 公路交通工程钢构件防腐技术条件
CECS 148 户外广告设施钢结构技术规程
CJJ 149 城市户外广告设施技术规范
JTG D20 公路路线设计规范
JTG F71 公路交通安全设施施工技术规范
JGJ/T 16 民用建筑电气设计规范

3 术语和定义

下列术语和定义适用于本文件。

3.1
非公路标志 non-highway-traffic signs

除 GB 5768.2 所规定的公路交通标志外，合法设置于公路建筑控制区范围以内的标志，包括广告、标语、小型企事业单位或小型旅游景点的指引等。

3.2
标志净高 signs height

标志板下缘距路面边缘设计高程的垂直距离。

3.3
柱式结构非公路标志 pose structural non-highway-traffic signs

标志净高在 3m 以下，支撑面积较小的柱式支撑结构非公路标志。

3.4
高耸式结构非公路标志 high-rising structural non-highway-traffic signs

符合高耸式结构特征的高立柱、大型落地式非公路标志。

3.5
并设版面的非公路标志 combined board setting

多块标志版并设于一个支撑立柱上的非公路标志。

4 一般规定

4.1 总体要求

4.1.1 非公路标志设置应遵循合法、安全、规范、统一的原则,符合GB 5768.2 的相关要求;设置位置应远离公路路肩外边缘,不得遮挡视距、影响交通安全和公路交通标志的正常使用。

4.1.2 非公路标志宜设置在车辆前进方向的右侧,标志板面的法线方向应与公路中心线平行或成一定角度,通常选取0°～15°。

4.1.3 同一路段、同种结构形式的非公路标志,其净高、板面尺寸宜保持一致。

4.2 分类

非公路标志按支撑结构的形式分为以下类型:
a) 柱式结构非公路标志。
   1) 单柱式;
   2) 双(多)柱式。
b) 高耸式结构非公路标志。
   1) 高立柱式;
   2) 大型落地式。
c) 附着式非公路标志。
   1) 墙体标语;
   2) 依附灯杆(电线杆)式。
d) 门架式非公路标志。
   1) 高立柱式;
   2) 大型落地式。

4.3 禁止、限制设置的路段

4.3.1 在以下路段和位置,不应设置非公路标志:
    a) 采用平纵线形指标极值,线形组合不当或不协调的路段;
    b) 路肩挡墙陡于1:1.5 的填方边坡、路侧陡崖或深沟高度大于5m或路侧6m内有常水深0.5m以上的水体(含江河、湖泊、水库、沟渠)、干线公路、铁路等的路侧险要路段;
    c) 交通信号设施、交通标志、隔离栏等交通工程设施的支撑结构;
    d) 交通隔离栏;
    e) 隧道(含隧道口周边100m范围)、收费站顶棚及防撞墙;
    f) 集镇路段以外的干线公路路灯杆;
    g) 公路交通标志纵向间距100m范围内;
    h) 相关规定中规定的其他不得设置附属物的公路结构物。

4.3.2 在以下路段和位置,不应设置高耸式结构或门架式结构非公路标志:

a) 居民区周边路段；
b) 半径小于一般最小半径的公路弯道路段；
c) 以高耸式结构非公路标志总高度1.5倍为半径的区域内存在有35kV以上高压导线的地方；
d) 隧道体及隧道两端下沉地段的两侧采空区。

4.3.3 在以下路段和位置，不宜设置非公路标志：
a) 基础施工可能造成边坡不稳的路段；
b) 公路绿化带；
c) 公路管理机构、公安交管部门认定的事故多发路段。

5 设置

5.1 基本要求

5.1.1 非公路标志应由具有相应设计资质的单位进行设计及结构验算。

5.1.2 非公路标志的用电设计应符合 GB 50034、JGJ/T 16 的要求。高耸式结构非公路标志的结构设计应符合 GB 50135 的要求。

5.2 设置要求

5.2.1 柱式结构非公路标志

5.2.1.1 柱式结构非公路标志的设置应符合 GB 5768.2 中9.3对告示标志的要求。

5.2.1.2 柱式结构非公路标志宜采用横向与竖向两种标志版面。指引单一企、事业单位时，宜采用竖向标志版面；指引多个企、事业单位时，宜采用横向标志版面。竖向标志版面尺寸包括0.5m×1.6m、0.7m×1.6m两种，可根据单位名称进行选择。

5.2.1.3 柱式结构非公路标志的净高应为2.5m。

5.2.1.4 柱式结构非公路标志与交通标志的纵向间距不应小于100m，并应符合 JTG D20 所要求的交叉口安全停车视距的要求，如图1所示。

5.2.1.5 指引企事业单位、小型旅游景点的非公路标志应仅设置在相关单位、景点前最近的一个交叉口处，不得提前预告或重复设置。

5.2.1.6 指引同一路段上的企事业单位、小型旅游景点的指引标志，宜并设于一处标志结构上，并应设置在公路管理机构预先指定的位置处。

5.2.1.7 并设标志的板面总高度不应超过4.5m，不宜超过3条指引信息。同一支撑结构上并设的标志板的排列顺序由上至下依次应为向上指引、向左指引、向右指引。所有标志板的长度应保持一致，如图2所示。

5.2.2 高耸式结构非公路标志

5.2.2.1 高耸式结构非公路标志的滴水线应位于路肩外边缘外侧2m，其任何部分不得进入公路路面以内。

5.2.2.2 高耸式结构非公路标志的板面下缘距离路面高度宜为10m。标志总高度不应超过25m。板面长不应超过18m，宽不应超过6m，且板面面积不宜超过120m^2。

5.2.2.3 高耸式结构非公路标志设置于高速公路一般路段沿线时，单侧纵向间距不宜小于1 000m，两侧相对纵向间距不宜小于500m；在匝道进出口、服务区附近时，单侧间距不得小于600m，两侧相对纵向间距不得小于400m。设置于一般公路沿线时，单侧纵向间距不宜小于600m，两侧相对纵向间距不宜小于400m。

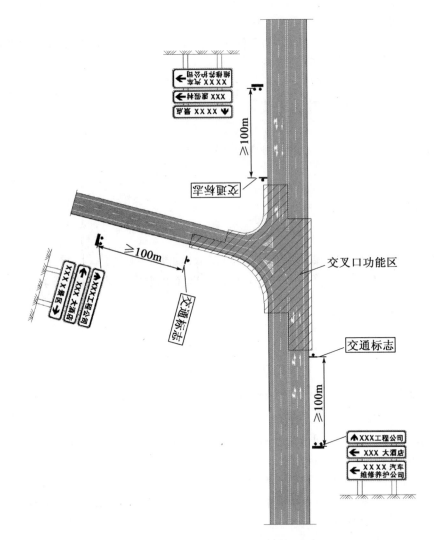

图 1 柱式结构非公路标志设置示意图

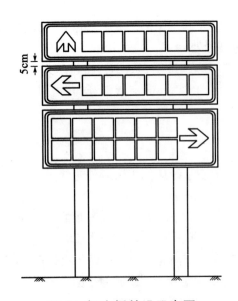

图 2 标志板并设示意图

5.2.2.4 高耸式结构非公路标志板面不应采用全红色或全黄色,以及其他会给驾驶员带来强烈视觉冲击的表现方式。板面最大允许亮度应遵循 CJJ 149 的要求。

5.2.2.5 高耸式结构非公路标志应配合设置安全警示标志,禁止攀爬、长时间逗留等。

5.2.3 附着式非公路标志

5.2.3.1 附着于跨线桥的非公路标志,其内容应以宣传交通安全为目的。

5.2.3.2 同一路段上附着于同种设施的非公路标志,其风格宜保持一致。

5.2.4 门架式非公路标志

5.2.4.1 门架式非公路标志应结合跨线桥的位置与其相邻设置,高度应与跨线桥一致。

5.2.4.2 门架式非公路标志应配合设置安全警示标志,禁止攀爬、长时间逗留等。

6 施工

6.1 材料要求

6.1.1 非公路标志的材料应符合 JTG F71、GB 50205、GB 50017、GB/T 18226、JTG F71、CECS 148 中对于标志材料、钢材料、连接材料、涂装材料等的相关规定。基础混凝土的强度等级、性能和质量要求应符合 GB 50010 和 GB 50107 的规定。

6.1.2 非公路标志的材料应满足设计图纸的要求,不应采用易损、易碎、易飞溅、易脱落材料或拼装材料。

6.1.3 非公路标志的材料应由具有资质的单位提供。

6.2 施工要求

6.2.1 非公路标志须由具有相应资质的施工企业进行施工。

6.2.2 设立人应提供非公路标志维护和管理承诺书。

6.2.3 非公路标志施工的基础、结构、材料等,应符合交通标志相关标准、规范对于标志施工的各项规定,并应符合设计文件的要求。

6.2.4 非公路标志的焊接工程、紧固件连接工程、钢零件及钢部件工程应符合 GB 50205 的规定。

7 验收与养护

7.1 验收要求

7.1.1 设立人应按规定组织有公路管理机构参加的竣工验收,并将竣工验收报告报公路管理机构备案。

7.1.2 在验收过程中的其他事项应遵循 JTG F71 中的相关规定。

7.2 养护要求

7.2.1 设立人应当对非公路标志进行常规巡查与定期检查。

7.2.2 非公路标志板面发生破损时,设立人应及时进行修复。

7.2.3 设立人应每年对非公路标志的结构与基础检查一次,发现有病害时,应及时维护与加固。

7.2.4 在恶劣天气时,设立人应对非公路标志进行特别维护与保养,并制订应急预案。

7.2.5 非公路标志设置的前六年,设立人应每两年向公路管理机构提交 1 次由有资质的检测部门出具的检测报告;设置六年后,应每年提交 1 次检测报告。检测项目及要求见本标准附录 A。

附 录 A
（规范性附录）
非公路标志验收检测项目及要求

并设三块以上的柱式结构非公路标志检测项目见附表 A.1。

表 A.1 并设三块以上的柱式结构非公路标志检测项目

项次	类别	检 验 项 目	规 定 值 或 允 许 偏 差
1	资料	设置审批文件，初步设计及施工图设计文件	齐全
2	证明材料	资质部门出具的结构稳定性计算书及检定报告、材料合格证明、焊接工艺评估报告	齐全
3	安装位置	净高	符合本标准第5.2.4条规定，偏差－20mm～＋50mm
4		版面内边缘与路肩外边缘距离	大于3m
5		与交叉口及公路交通标志的位置关系	符合本标准第5.2.1条规定
6	基础	基础尺寸	符合设计要求
7		基础材料、强度	符合设计要求
8		法兰、地脚尺寸及其他基础钢构件的尺寸	符合设计要求
9		法兰、地脚尺寸及其他基础钢构件的防腐处理	符合设计要求，或镀锌层近似厚度≥85μm；紧固件镀锌层近似厚度≥50μm
10	立柱及钢构件材料	材料	符合设计要求
11		尺寸	长度偏差±1%，断面尺寸符合设计要求
12	立柱及钢构件施工	立柱壁厚	符合设计要求
13		立柱竖直度	≤5mm/m
14		焊接要求	焊缝长度符合设计要求，焊缝饱满且不得有裂纹、未熔和、夹渣和未填满弧坑等缺陷，构件不能有变形或损坏
15		金属构件防腐处理检查	符合设计要求，或镀锌层近似厚度≥85μm；紧固件镀锌层近似厚度≥50μm
16	标志板	外形尺寸及标志板间距	符合本标准第5.2.1条规定
17		材料	符合设计要求
18		标志板水平度	≤2mm/m
19		标志板垂直度	≤3mm

高耸式结构(门架式)非公路标志检测项目见附表 A.2。

表 A.2 高耸式结构(门架式)非公路标志检验项目

项次	类别	检 验 项 目	规定值或允许偏差
1	资料	设置审批文件,初步设计及施工图设计文件	齐全
2	证明材料	资质部门出具的结构稳定性计算书及检定报告、材料合格证明、焊接工艺评估报告	齐全
3	设置位置	净高	符合本标准第 5.2.2 条规定,偏差 −20mm ~ +50mm
4	设置位置	滴水线与路肩外边缘距离	符合本标准第 5.2.2 条规定
5		与 35kV 以上高压导线距离	大于标志总高度 1.5 倍
6	基础	基础尺寸	符合设计要求
7		基础材料、强度	符合设计要求
8		支撑面(混凝土柱墩)	高程 ±2.0mm;水平度 ±1/1 000
9		支撑表面(法兰盘端面)	高程 ±1.5mm;水平度 ±1/500 且不大于 3mm
10		法兰、地脚尺寸及其他基础钢构件的尺寸	符合设计要求
11		地锚位置扭转偏差	±1.00mm
12		地锚法兰对角线偏差	$L/1\,500$,且 $<10mm$,L 为对角线距
13		地锚相邻柱脚间距偏差	$b/1\,500$,且 $<10mm$,b 为柱脚间距
14		地锚伸出法兰长度	±10mm
15		地锚的螺纹长度	$L_w ± 10mm$,L_w 为设计螺纹长度
16		法兰、地脚尺寸及其他基础钢构件的防腐处理	符合设计要求,或镀锌层近似厚度 ≥85μm;紧固件镀锌层近似厚度 ≥50μm
17	立柱及钢构件材料	材料	符合设计要求
18		尺寸	长度偏差 ±1%,断面尺寸符合设计要求
19		立柱壁厚	符合设计要求
20		立柱竖直度	≥5mm/m
21	立柱及钢构件施工	焊接要求	焊缝长度符合设计要求,焊缝饱满且不得有裂纹、未熔和、夹渣和未填满弧坑等缺陷,构件不能有变形或损坏
22		金属构件防腐处理检查	符合设计要求,或镀锌层近似厚度 ≥85μm;紧固件镀锌层近似厚度 ≥50μm
23	标志板	外形尺寸	符合本标准第 5.2.2 条规定
24		材料	符合设计要求
25		内容	符合本标准第 5.2.2 条规定
26		标志板水平度	≤2mm/m
27		标志板垂直度	≤3mm

表 A.2 高耸式结构(门架式)非公路标志检验项目(续)

项次	类别	检验项目	规定值或允许偏差
28	灯具	安装偏差	符合设计要求；无要求时：纵向≤30mm，横向≤20mm，高度≤10mm
29		绝缘电阻	强电端子对机壳≥500MΩ
30		启动时间的可调性	照明回路组的启动时间间隔可调、可控
31		启动、停止方式	可自动、手动两种方式控制全部或部分照明器的启动、停止
32		照度总均匀度、纵向均匀度	符合设计要求
33	防雷及供电安全	防雷系统	符合 GB 50057 要求
34		避雷针(接闪器)尺寸	符合设计要求
35		防雷接地系统用材料规格	符合设计要求
36		防雷接地电阻	≤10Ω
37		供电系统	符合 JGJ/T 16 要求
38		安全接地电阻	≤4Ω